DESIGN THE FUTURE

デザイン思考の先を行くもの

ハーバード・デザインスクールが
教える最先端の事業創造メソッド

各務太郎
TARO KAGAMI

CROSSMEDIA PUBLISHING

はじめに

　私が最初に建築の道を志したきっかけは、高校生の頃、図書館でふと手にした『宇宙船地球号 操縦マニュアル』という本との出会いに他ならない。著者は20世紀を代表する建築家・思想家のバックミンスター・フラー。130ページ足らずのその本の中で、フラーは地球をひとつの大きな宇宙船に見立て、その乗組員である私たち地球人が未来に直面するであろう問題を、鋭く、鮮やかに言語化していた。未来の問題提起だけではない。半世紀も前の1963年にして、エコ運動やインターネット社会についてもしっかりと触れているのだ。どうしてこんなにもピンポイントで未来を予測できるのだろう。幼心に私が感じたこのモヤモヤを、彼の遺した言葉はものの一瞬で晴らしてくれた。

　"The best way to predict the future is to design it"
　「未来を予測する最良の方法は、（自分自身で）デザインしてしまうことである」

「建築家」が何故こんなにも「未来」に関して言及しているのか不思議に思うかもしれないが、考えてみれば当たり前のことなのである。建築という仕事は、設計に取り掛かってから、それが完成するまで、小さな家でも数年、都市計画であれば20年30年、長くて半世紀にも及ぶことがある。つまり最初の構想段階で既に、遠い未来に（完成した時に）そこで暮らす人々のライフスタイルを想像しなければならない。さながらSF小説家のような仕事なのだ。未来は「予測するもの」ではなく、自分の手で「創るもの」というフラーのコペルニクス的発想の転換こそ、私が現在に至るまで夢中になっている哲学である。

　それからちょうど10年後、私はフラーの母校（フラーは中退…）でもあるハーバードの大学院で都市計画を学んでいた。すると、日本で建築を学んでいる時には全く感じなかった違和感に憑りつかれたのである。それは今まさにこうして使っている「デザイン」という言葉。留学先で私が日々使う「デザイン」という言葉と、教授やクラスメイトが使う「デザイン」という言葉

の定義が、根本的に異なっていたのだ。時にはそれが原因で会話が成立しない事態すら発生し、愕然としたこともあった。同時に、自分の中で長年感じていたある疑問への答えがそこにあると確信した。すなわち、星新一、小松左京、筒井康隆、藤子不二雄、手塚治虫、大友克洋、士郎正宗等、日本には世界を代表するSF作家が突出して多い国であるにもかかわらず、何故、GAFA（グーグル、アップル、フェイスブック、アマゾン）のように未来にイノベーションをもたらすような企業がなかなか出てこないのか、という疑問。

　この本は、日本と世界における様々な言葉の認識のズレをゆっくりと共有するところから始めようと思う。

デザイン思考の先を行くもの　目次

はじめに　　　　　　　　　　　　　　　　　　002

第0章
見立てる力
The power of likening

建築と映画はつくり方が同じ!?　　　　　012

シナリオ　　　　　　　　　　　　　　016

なぜエンジニアは世界を席巻するのか　　018

見立てる力　　　　　　　　　　　　　020

COLUMN 1
クリエイターとお金の話　　　　　　　022

第 **1** 章
デザインの誤解
The misconception of design

デザインのはじまりは視点の提供	024
問題解決としてのデザイン	028
デザインとスタイリング	030
イームズの定義するデザイン	034
アートの定義	040
図工教育の大罪	042
不便と感じる頻度	045

COLUMN 2
起業するならデザインスクール!?　　　　046

第 **2** 章

デザイン思考の誤解
The misconception of design thinking

結局、デザイン思考とはなんなのか   048

デザイン思考 = PDCA説   054

デザイン思考から
イノベーションは生まれない?   068

COLUMN 3
社会に出てからもう一度学びたくなる理由   072

第**3**章

0 → 1

Zero to one

デザイン思考の現在の立ち位置	074
ハーバードのデザイン教育	078
ウリポ (Oulipo) の見立てる力	080
バックキャスティングデザイン〜未来からの逆算力〜	090
ハーバード・デザインスクールが教えてくれたこと	098
問題提起としてのスペキュラティブ・デザイン	100
現在と未来の関係性を考えてみる	104
case1：Takram	108
case2：Sputniko!	112
case3：Soylent	116
case4：Spiber株式会社	120
case5：Shojinmeat	122
ビジョンによる組織づくり	124

COLUMN 4
合格者の国別比率は国力の比率!? 126

第 **4** 章

0→1の実践

0→1 Practice

発想と思考プロセス	128
枯れた技術の水平思考	142
パッションを軸にする	148
「見立てる力」のトレーニング	154
exercise1：ロールプレイング法	156
exercise2：因数分解法	162
exercise3：ウォーリーを探せ法	176
exercise4：ルーツトラッキング法	186

COLUMN 5
現在は未来で出来ている 192

第 **5** 章

社会実装
Social Deployment

3つの円の交点	194
アイデアの再因数分解	198
スモールスタート	202
発想法のマッピング	204

あとがき	206

第 **0** 章
見立てる力

Chapter **0**
The power of likening

Architecture?

Advertising?

建築と映画はつくり方が同じ!?

　デザインの話をはじめる前に、私自身のバックグラウンドの話をしたいと思う。

　私は大学の学部教育で建築デザインの勉強をした後、広告代理店でコピーライターとしてCMをつくる仕事を始めた。「なぜ建築から広告?」と思われるかもしれない。その理由のひとつは、(意外と思われるかもしれないが) 私にとって「建築のつくり方」と「映画のつくり方」は、9割方同じことだったからである。

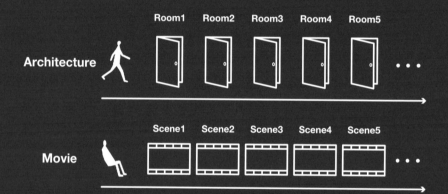

建築を設計する時、まず、建物というのは部屋の集合体であるという前提に立つようにしている。入口を抜けると最初の部屋があり、次の部屋に移り、また次の部屋に移り、大きなメインの空間に移って、出口へと向かう。建築を体験するということは、部屋を連続的に移動することによる時間芸術と言えるのだ。その観点に立てば、映像を見るという体験もまったくもって同様ではないか。オープニングのシーンがあり、様々なシーンを経て、メインのどんでん返し、そしてエンディングへと移り変わっていく。建築が「部屋の連なり」であるのに対して、映像は「シーンの連なり」。

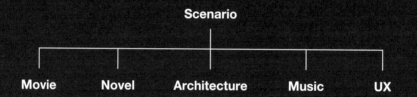

シナリオ

　ふたつに共通するのは「シナリオ」だ。主軸となる脚本ができてしまいさえすれば、それを空間に翻訳すれば建築に、映像に翻訳すれば映画となる。だから建築家の多くは映画に造詣が深く、その逆もまた然りなのである。私自身、学生時代は、例えば黒澤明の『羅生門』のシナリオで集合住宅を設計したらどうなるか。あるいは、ベルサイユ宮殿の部屋の連続性を、映画化したらどうなるか。そんな研究に没頭していた。あらゆる映画が建築のアイデアに見え、あらゆる建築が映画のアイデアに見えてきたのである。だから建築の世界から映像の世界へ行くことに対しての違和感は、まったくと言っていいほどなかった。

Scenario
=Script
=Program(Code)

なぜエンジニアは世界を席巻するのか

　一度シナリオができてしまえば、なにも建築と映画の間に留まる必要はなくなる。その脚本を、そのまま文章として表現すれば小説に、音で表現すれば音楽に、総合的な体験として設計すればユーザーエクスペリエンスと呼べるものになるだろう。

　シナリオは言葉を換えると「スクリプト」と言える。「スクリプト」はプログラマーにとってみれば「コード」。なぜ今、エンジニアが世界を席巻しようとしているのか。それは情報化社会の枠組や基盤をつくる仕事だから、とも言えるが、あらゆるメディアに変換可能なシナリオをつくることができるから、とも言えるだろう。彼らにとっては、小説も、映像も、音楽も、建築も、同じものであり、互いを自由に行き来することができる。

　これを私は「見立てる力」と呼んでいる。

Harvard University
Graduate School of Design

見立てる力

それは、ふつうの人から見れば全く関係のないふたつの異なるものも、それぞれをシナリオまで抽象化して捉えることで、同じ土俵で結びつけることができる能力。

例えば作曲家がジェットコースターに乗ったら、その上下運動やスピードの緩急がメロディに「感じてきてしまう」かもしれない。パティシエがドバイの面白い建築物を見たら、新しいケーキのフォルムに「見えてきてしまう」かもしれない。

その人の専門性や得意分野のフィルターを通すことで、他の人には見えないものが見えてくること。それはもはやロジックやマーケティングでは説明不可能なもの。そしてハーバードのデザイン教育は今、世界を変えるようなイノベーションを起こす上で、この「個人の見立てる力」こそが、いちばん重要な要素と考えている。

COLUMN 1

クリエイターとお金の話

　留学中いちばん印象に残った瞬間は、修士課程が始まって最初の週の設計製図の講評会。私は日本でこれまでやってきた通り、大きな建築模型、CG、コンセプトを示すダイアグラムを揃えて自慢げにプレゼンしたのだが、それに対する教授陣の一言めのコメントに度肝を抜かれた。

　「デザインはいい。でもこれ誰が払うの?」

　極端な話をすれば、建築家の仕事は「お金を集めること」と「建物を設計・監理すること」に二分される。ところが50%を占める前者のマネタイズに関して、日本のデザイン教育は完全にスルーしているのが現状だ。この状況は何もデザインだけに限らない。本屋に行くと「アイデアの発想法」の本は幾らでもあるが「アイデアの実現法」の本はない。お金の話をすることを汚いこととして捉え「少ない予算の中で工夫(妥協)すること」を美徳とする日本に対して、「アイデアを100%実現すること」をクリエイティブの定義とする欧米との思想の違いが、如実に表れた出来事であった。

第 1 章
デザインの誤解

Chapter 1
The misconception of design

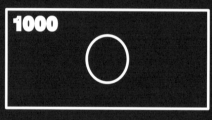

fig.1

fig.2

デザインのはじまりは視点の提供

　例えば頭の中で千円札のスケッチを描いてみてほしい。

　多くの人がこんなスケッチ（fig.1）をすると思う。でももし、千円札を横から描いた人がいたとしたら（fig.2）、その人は紙幣の挿入口を「デザイン」した人である。そう、デザインのはじまりは、シンプルに「新しい視点の提供」と言える。

ところが日本でデザインという言葉を使うと、「絵心」「センス」「クリエイティビティ」という言葉と一緒に使われることがある。敢えて強調するが、デザインと、センスやクリエイティビティは、全く関係がない。とにかく新しい視点を提供すること、新しい課題を発見するということ、それこそがデザインなのである。

umbrella
雨をよけるため

shoe
安全に歩くため

問題解決としてのデザイン

「デザインは問題解決」ということは、私たちも多くの本や記事で目にしてきた。しかし、その本意は伝わりきっていないのではないかと思う。

例えば傘について考えてみよう。傘というプロダクトは、「雨が上空から降ってくる」という問題に対して、「手で持てる軸の先に膜をつけて水滴をさえぎる」という解決の糸口を見出したものだ。ここまでがデザイン。膜の模様や、柄の形状のことはデザインとは呼ばない。

靴というプロダクトは、「地面がゴツゴツとして歩きにくい」という問題に対して生み出された「分厚い靴底と足を布のバンドで固定して脱げないようにする」という解決策である。傘と同様、表面の生地の柄や素材は、デザインとは呼ばない。

つまりデザイン力とは問題解決力のこと。あくまで「問題を発見し、解決の糸口を示す」能力なのである。私たちが普段「デザイン」と聞いて想像する「オシャレなグラフィック」等は、厳密にはデザインの範疇ではない。絵心、造形力、センス、クリエイティビティは一切関係ないのである。

デザイン (design) という言葉の輸入

戦前 ⟶ 戦後

設計　　　デザイン

（課題解決）　　　　（意匠）

デザインとスタイリング

　それでは何故、デザイン=センスというイメージが確立してしまったのだろうか。

　日本を代表するインダストリアルデザイナーで東京大学生産技術研究所教授の山中俊治先生によれば、日本には「デザイン」という言葉が2回輸入されたと言われている。1回目は戦前に「設計」という意味で、2回目は戦後、文字通りカタカナの「デザイン」という意味で輸入された。前者は社会基盤の設計や社会課題の解決という大きな意味、後者は純粋に意匠という意味で捉えられる。

実際に辞書で「デザイン」という言葉を引いてみると次のように出てくる。

デザイン（design）

[名]（スル）

1 建築・工業製品・服飾・商業美術などの分野で、実用面などを考慮して造形作品を意匠すること。「都市をデザインする」「制服をデザインする」「インテリアデザイン」

2 図案や模様を考案すること。また、そのもの。「家具にデザインを施す」「商標をデザインする」

3 目的をもって具体的に立案・設計すること。「快適な生活をデザインする」

出典：デジタル大辞泉（小学館）

日本では何気なくこれらの意味を総じて「デザイン」とまるっと呼んでしまっている。ところがここに大きな落とし穴があったのだ。実は、欧米では「デザイン（design）」とは3のこと。そして1と2を意味する単語として「スタイリング（styling）」という独立した言葉が与えられている。

　留学したての頃、私はこの点にまったく気づかず、コミュニケーションにおいて大きな遅れをとってしまった。つまり「デザイン」とは、課題解決や設計に特化した言葉であって、私たちがイメージするような「物事をきれいに整えること」は、「スタイリング」というまったく別の作業として存在していたのだ。

CHAPTER 1 : THE MISCONCEPTION OF DESIGN　　　　033

EAMS OFFICIAL SITE
http://www.eamesoffice.com/

イームズの定義するデザイン

　20世紀のモダンインテリアの水準を決定づけた偉大なる工業デザイナー、チャールズ・イームズとその妻レイ・イームズ。イームズチェアを始めとする家具はもちろん、映像分野においても "Powers of Ten" でその構想の視点の高さと映像技術で、全世界に衝撃を与えた。ふたりは1972年、パリのルーブル美術館で開催された「Qu'est ce que le design?（デザインとは何か?）」という展覧会において、インタビュアーと次のような興味深いやりとりをしている。

Q1： "What is your definition of 'Design,' Monsieur Eames?

イームズさん、「デザイン」の定義とはなんですか？

A1： "One could describe Design as a plan for arranging elements to accomplish a particular purpose."

ある特定の目的を達成するために要素を配置・整理することと言えるでしょう。

Q2： "Is Design an expression of art?"

デザインは芸術の表現ですか？

A2： "I would rather say it's an expression of purpose. It may, if it is good enough, later be judged as art."

と言うよりは、「目的の表現」と言えるでしょう。そしてもし、それが素晴らしいものだったら、あとで、「芸術」と呼ばれるかもしれません。

Q3 : "Is Design a craft for industrial purposes?"

デザインは工業用の工芸ですか？

A3 : "No, but Design may be a solution to some industrial problems."

いえ、デザインは工業における何らかの「問題の解決策」です。

Q4 : "What are the boundaries of Design?"

デザインの境界とはなんですか？

A4 : "What are the boundaries of problems?"

問題の境界とはなんですか？

デザイン＝問題解決力

　≠絵心
　≠センス
　≠クリエイティビティ

特に注目すべきは「A2」における返答だと思う。

　私たちは「デザイン」と聞くと、センスに溢れ、見た目に美しい芸術的なものと捉えていたが、彼はあくまでもその「オシャレさ」は結果論だと述べている。すなわち、デザインとはあくまでも「問題解決」という目的の追求であり、その目的を究極的に突き詰めていくことで、結果的に、無駄が削ぎ落とされた美しいものができてしまうことがある、ということだ。

　彼らほどデザインを明快に定義したデザイナーを他に知らないが、改めて、デザインとはセンスや絵心のことではなく、「問題解決力」であることがわかるだろう。

アートの定義

　一方で、アートの定義とはなんだろうか。

　例えばゴッホの『ひまわり』について考えてみると、明らかにこれはデザインの真逆をいくものであることがわかるだろう。センス、個性、絵心。それらが凝縮した「自己表現」そのものである。

図工教育の大罪

「問題解決」と「自己表現」。その意味するところにおいて180度異なるデザインとアートであるが、なぜ日本ではこれほどまでに互いに混同されてしまうようになったのだろうか。

　私は図工教育にその原因の一端があるのではないかと考えている。

　つまり小学校から高校にかけての図工の授業の中で、絵や粘土が上手だったクラスメイトが、気づけば芸術系の大学や専門学校に進み、その後「デザイナー」として働いているから無理もない。

　しかし冷静に思い返してみてほしい。美術が得意というのは「自己表現」が得意ということであり、他人よりも上手に「スタイリング」ができる（オシャレに整えることができる）ということであって、決して「問題解決」に長けているというわけではない。

　逆に言えば、本来「デザイナー」は美術系大学を出ている必要はまったくない。質の高い課題を発見し、解決の糸口を提示することが出来さえすれば、簡単なポンチ絵が描ければ十分なのである。

実際世界のトップのデザイナーの中には絵心が皆無と言えるひとが数え切れないほどいるが、彼らの「デザイン力（問題解決力）」はやはりリズバ抜けている。

　もし企業の採用担当者が「問題解決力の高いデザイナーを雇うことで社内にイノベーションを起こしたい」という意図で、スタイリングだけが得意な人を採用してしまった場合は悲劇だ。きっと社内の会報誌の表紙がいたずらにオシャレになるだけで終わってしまうことだろう。

　それでは一体どんな教育をすれば「デザイナー」を育てることができるだろうか。
　例えばこんな授業はどうだろう。先生と生徒全員で教室を飛び出て、校舎のまわりを1周歩いて教室に戻ってくる。そして先生から生徒にこんな質問を投げかけてみるのだ。

「今学校のまわりを歩いてきて、不便だと思ったところはありましたか？」

もし生徒の中に「歩道と車道の段差が高くて転びそうになってしまった」という発言をした子がいたとしよう。実はもう、この生徒はデザイナーの卵なのだ。不便というのは、課題のことである。課題さえ見つかってしまえば、「段差を埋めてなだらかな坂にする」あるいは「細かい段差を付け足して登りやすくする」等、次々とその解決策が出てくるだろう。

不便と感じる頻度

　デザインとセンスは一切関係ないと述べてきたが、もし「デザインのセンス」と呼べるものがあるとすれば、それは「不便と感じる頻度」ではないかと思う。

　もしあなたが今日一日過ごして、一度もイライラしていなかったとしたら、それは危険信号である。「使いづらい」「見づらい」「わかりづらい」。この不便のひとつひとつに、その逆張りとしての「こうすればいいのに」が必ずあるからだ。

COLUMN 2

起業するならデザインスクール!?

　　Airbnb、Snapchat、Pinterest。世界を轟かせるこれらの怪物スタートアップには、知られざる共通点がある。それは、創業者がデザインスクール出身ということ。かつては「起業家を目指すならMBA」という考え方になんの疑問も持たなかったが、考えてみれば近年、MBA出身の起業家をあまり多く見ていない。一体なぜだろうか。それはデザインスクールが「仮説を創る場所」なのに対して、MBAは「仮説を検証する場所」だから。もし既にやりたいと思う事業アイデア（仮説）があり、あとは「人を動かすマネジメント力」と「意思決定のケーススタディ」を知ればいいだけ、という状況であればMBAは有効だろう。その事業の成長戦略がどれだけ妥当か、どれだけリスクを取るものか、徹底的に学ぶことができる。だが実際、そこまでいい仮説を持ってMBAに来るひとは稀有だ。一方でデザインスクールは、ゼロから仮説を創るカリキュラムになっている。そもそも自分は何を解決したいのか、を2年間考え続けるのだ。「仮説」の質が以前よりずっと重要になってきている現在、もし情熱を持てるトピックがない状態で起業を目指すなら、MBAよりむしろデザインスクールがオススメである。

第 **2** 章
デザイン思考の誤解

Chapter **2**
The misconception of design thinking

ハヤカワ新書
Tim Brown (著), 千葉 敏生 (翻訳)

結局、デザイン思考とはなんなのか

　デザイン思考という言葉が日本で一般的に広まるきっかけとなったのは、2010年、世界的デザインコンサルティングファームIDEOのティム・ブラウン氏の著書『CHANGE BY DESIGN／デザイン思考が世界を変える』の日本語訳が書店に並んだタイミングであろう。

　今、Amazonで「デザイン思考」で検索をかけると、膨大の量の関連図書が出てくる。書籍だけではない。SNSを眺めていると、「デザイン思考」の関連イベントのシェアを見ない日はないくらい、至るところでワークショップが行われている。

　結局、デザイン思考とはなんなのだろうか。

かつてフォードがはじめてT型フォードで自動車の大量生産に成功した時、世界の自動車市場を完全に独占した。実用性を重視しながらもデザイン性に優れた自動車が手頃な価格帯で売られていれば当然のことである。1908年から1927年に至るまで、特に大きなモデルチェンジを強いられることもなく、安定的に計約1500万台が生産されるに至る。消費者のニーズやインサイトを気にする必要などなく、メーカーの技術をそのまま出せば売れてしまう。まさしく Technology Centered（テクノロジー中心）と呼ばれる状態である。

ところが、ある時から他社も同様に自動車のマス・プロダクションに成功しはじめると状況は一変する。(メーカーが)売りたいと思うものが売れる時代、ではなくなってきたのだ。そこで「どんなクルマだったら買いたいと思うか」というシンプルな質問を消費者に投げかけることで、そのフィードバックを商品開発に反映させようとした。(消費者が)買いたいと思うものが売れる時代に突入したのだ。

　これが Human Centered（人間中心）と呼ばれる思想。「デザイン思考」のはじまりである。

デザイン思考 = PDCA説

デザイン思考を実践するプロセスは6つのステップに分けることができる。

❶Discover the problem or need（課題か需要の発見）

→まずは解決すべき課題を洗い出すところからはじめる。

現状顕在化している課題の背後に隠れた、本質的な課題の抽出。あるいは私たちが生活者が認識していない潜在的な課題の発見。

解決策の質は問いの質に依存するということを考えれば、いちばん大切なステップである。

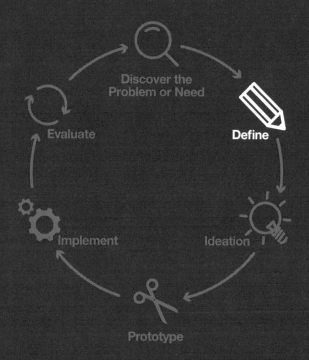

❷Define（解くべき課題の定義）

→❶の拡散的な議論で出された課題候補の中で、いちばんプライオリティの高い課題を絞り込み、定義するステップ。

課題を言語化する際、多義的であいまいな言葉は避け、誰が聞いても同じ絵を思い浮かべられるようなシンプルで明快な言葉選びを意識することが重要となる。ポストイットを用いて壁に向かってワークショップをしている様子をよく見るが、それはこの拡散段階をなるべく多くの人の視点を借りて行っているのだ。

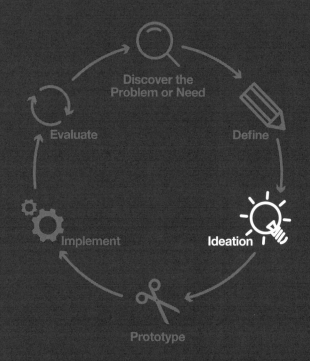

❸Ideation（アイデア出し）

→❷で言語化された課題に対して、その解決に最短距離で到達できるようなアイデアを出していく。最も単純な方法は課題の逆を目指すことだ。

例えば課題が「重い」であれば「軽くする」。「大きい」なら「小さくする」。「遅い」なら「速くする」。

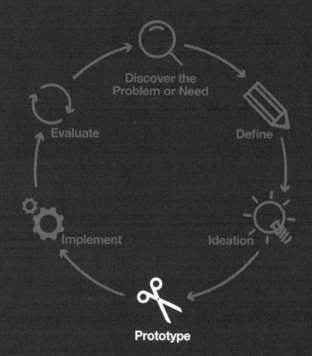

❹Protype（試作づくり）

→デザイン思考の真骨頂はここである。案ずるよりも先にまず試してみるのだ。

プロトタイプは完成品のように完璧なものをつくる必要がなく、段ボールでもポンチ絵でもいい。コンセプトを他人と共有することができる状態にまで持っていければミッション達成である。動かないが見た目だけを本番通りにつくるコールドモックアップ、外見は気にせず機能／動作をチェックするためのホットモックアップ等の手法がある。

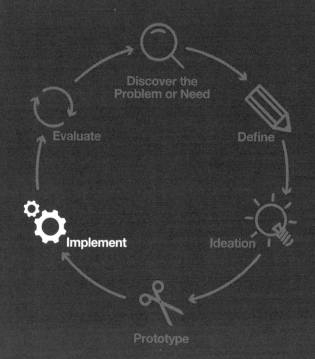

❺Implement（実施）

→❹のプロトタイプを実際に利用してみる。

ここで重要なのは、そのプロトタイプは「どの要素を評価するためのものか」を認識しておくことだ。 見た目だけを評価するプロトタイプなのにもかかわらず、使い勝手の議論をしたり、機能性をチェックするためのプロトタイプに対して、フォルムの議論をするようなことはあってはならない。

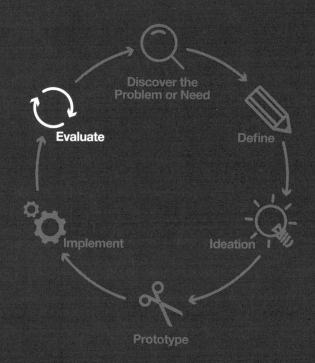

❻Evaluate（評価）

→❺のプロトタイプに対するフィードバックを行う。このステップは、これまでのアイデアを捨てるためのフェーズではなく、どのようにすれば改良できるかを議論する。ポイントは、多くの人が❸のアイデアを変更することで改良を施そうとするのだが、デザイン思考においては❶の課題発見／抽出にその原因を見出そうとすることだ。評価の結果、❶の課題を再定義するところに戻るのである。

Design
Thinking
=PDCA
=Prototyping

さて、色んなデザイン用語に溢れ、さもデザイナーの専門的スキルがなければ難しそうに見えるこのデザイン思考の6つのステップであるが、冷静によくよく観察していると何かに似ていることに気づく。実はこれ、私たちが普段から業務で実践しているPDCAに他ならないのだ。

P（Plan ／ 計画）　⇔　❶❷❸
D（Do ／ 実行）　⇔　❹❺
C（Check ／ 評価）　⇔　❻
A（Action ／ 改良）　⇔　❶

「PDCAを回す」という言葉があるが、デザイン思考においてはそれを「プロトタイピングを回す」という。すなわちデザイン思考とは結局、「消費者の求めるものを聞いてPDCAを回す」ことなのである。

CHAPTER 2 : THE MISCONCEPTION OF DESIGN THINKING　　　067

iPhone	iPhone 3G	iPhone 3GS	iPhone 4	iPhone 4S	iPhone 5
2007	2008	2009	2010	2011	2012

iPhone 5S	iPhone 6	iPhone 6S	iPhone 7	iPhone X
2013	2014	2015	2016	2017

デザイン思考からイノベーションは生まれない？

　例えばiPhoneのケースを見てみよう。2007年に最初のiPhoneが登場して以来、新しいモデルが出るたびに機能性の向上が顕著に見られる。この進化のプロセスにおいて、アップル社はカスタマーから日々膨大な量のフィードバックを受け、分析し、次の新モデルに活かすべく開発を進めているのだ。

　P（商品開発）→ D（発売）→C（カスタマーからのFB）→ A（新機能の模索）→ P（新商品開発）。

Design
Thinking
➜改善のツール（1➜10）
≠0➜1

これを見るとデザイン思考とは「改善のためのツール」であることがわかる。現状のプロダクトより、さらに良いものを生み出すための「仮説検証」のための道具。1を10に磨いていくための手法なのである。

　ところが現在、日本の多くの企業が「イノベーションを起こしたい」「0→1を強化したい」という目的でデザイン思考を導入しようとしている例を数え切れないほど目にするが、これは言葉上、矛盾であることがわかる。「1」とは「仮説」のことである。仮説があってはじめて、検証することができる。ところが多くのワークショップは仮説なきままに検証をはじめている。何もない「0」から質の高い仮説を創造するにはデザイン思考と根本的に思想を異にする別のアプローチが必要となる。

COLUMN 3

社会に出てからもう一度学びたくなる理由

　コピーの勉強をする時も、デザインの勉強をする時も、必ず先輩方に言われたことは「いいものをたくさん見なさい」ということ。これは100%正しい。センスというものがあるとすれば、それは知識量である。ところが、あらゆるクリエイティブを学ぶ際、完成物を見ただけではその本質的な創造性の半分も学べない。なぜならアイデアの凄みというのは、クライアントから要求されたオリエンテーション[問題]とアイデア[答え]とのギャップにこそ存在するからだ。しかし、街で目にする建築物にも、テレビで流れるCMにも、クライアントが最初に示した課題文は言わずもがな載っていない。だから、私たちは表層的に目に見えるアイデアが、なぜそこに至ったかという経緯を頭の中でトレースする必要がある。決してアイデア自体を見てはいけない。なぜ一度社会を経験してから大学院に戻る人が強いかと言えば、最初のオリエンからアウトプットまでのプロセスを何度も経験しているからだ。同じ完成物から得られる情報の量と質に、社会を知らなかった学生時代と比べて天と地の差がでる。

第 **3** 章
0 → 1

Chapter **3**
Zero to one

The MIT Press
Peter G. Rowe(著)

デザイン思考の現在の立ち位置

　あまり知られていないが、ティム・ブラウンの著書 "CHANGE BY DESIGN（邦題：デザイン思考が世界を変える）" の発売から遡ること18年、1991年にかつてのハーバード・デザインスクールの学部長ピーター・ロウが "Design Thinking（MIT Press）" という本を出している。デザイン思考と聞くとスタンフォードのd.schoolをイメージしがちだが、そのずっと以前からハーバードではこの言葉を使用していたのだ。

　ただピーターが言う「デザインシンキング」とは、如何にしてデザイナーが発想をジャンプさせているか、というそれまでブラックボックス化されていた過程を顕在化することであり、厳密にはここまで話してきたデザイン思考とは異なるものであるのだが、それでも、デザイナーの発想法を構造化しようとしている点では近しい。

What is
IDEA?

私が留学した2015年、日本ではデザイン思考は依然として最先端のものであり、上記のピーターの著書を事前に知っていた私は、ハーバードでも当然、デザイン思考を主たるアイデア創出法として教えるものだと思い込んでいた。ところが留学して間もなく、彼らがデザイン思考をある種の「古典」として扱っていることに気づいたのだ。彼らの言い分はこうだ。

「デザイン思考においては、最初の課題発見のステップにおいて「（自分ではない）他者」にそのヒントを見出そうとしている。カスタマーを客観的に観察することによって、インサイトや潜在的なニーズの発見を目指している。ところが、課題が他者起点であるとすれば、自分ではない他の誰かも、鋭い観察眼さえあればその課題を見つけてしまうかもしれず、アイデアの参入障壁が低くなってしまうのではないか」という考え方であった。

　世の中を変えるような革新的なアイデアは、アイデアを最初に思いついた人の極めて個人的な主観や見立てに基づくべきであり、そうすることで他社には容易には理解できないシークレットなものが生まれるであろうということである。

CHAPTER 3 : ZERO TO ONE　　　　　077

写真右下に筆者

ハーバードのデザイン教育

　ハーバード・デザインスクールは、1936年に現在の学部構成に統合され正式に設立された。建築界のノーベル賞とも言われるプリツカー賞受賞者（フィリップ・ジョンソン、フランク・ゲーリー、槇文彦、トム・メイン、I.M.ペイ）を多数輩出しており、現在も世界中の巨匠が教鞭をふるいにボストンの地に訪れている。

　デザインスクールの授業は大きく分けて2つに分かれている。
　ひとつは議論や講義を中心とした【ゼミ】【レクチャー】と言われる座学。そして教授から出されるお題に対して建築や都市設計で応える【スタジオ】と呼ばれる設計製図の授業だ。ここではこの2つの授業形式の中からそれぞれひとつずつ、ハーバードの思想を体現する名物授業を紹介したいと思う。

CHAPTER 3 : ZERO TO ONE

Potential Architecture

建築になる
可能性を秘めた、
建築とは
呼べないもの

Carles Muro

stepienybarno
http://www.stepienybarno.es/

ウリポ（Oulipo）の見立てる力

　バルセロナ出身の建築家カルロス・ムロが教える "Potential Architecture" というゼミがある。これは直訳すれば「潜在的建築」。言い換えれば「建築になる可能性を秘めた、建築とは呼べないもの」に関する授業だ。ちょっと何を言っているのかわからないかもしれないが、実はこのゼミのタイトルには元ネタがある。

the PARIS REVIEW
https://www.theparisreview.org/

ウリポ（Oulipo）という集団を聞いたことがあるだろうか。

ウリポ（Oulipo）とは正式には "Ouvroir de Littérature Potentielle" という仏語の略で、「潜在的文学の開拓者」と言った意味を持つ。1960年に数学者のフランソワ・ル・リヨネー（François Le Lionnais）を中心として設立された文学サロンのようなグループである。アルフレッド・ジャリ、レーモン・クノー、レーモン・ルーセルらが掲げる文学を理想とし、言葉遊び的な技法の開発を通して新しい文学の可能性を追求していた。興味深いのは文学を志す集団でありながら、構成するメンバーが数学者からチェスプレーヤーまで多岐に渡っていること。彼らは、文学でないものの中に文学性を見出し、実際の文学のアイデアにまで落とし込もうとしていた。

Liberation
https://next.liberation.fr/

例えば実験的小説家レーモン・クノーと数学者フランソワ・ル・リヨネーの作品を見てみよう。

　"Cent Mille Milliards de Poèmes（百兆の詩編）"と呼ばれるこの小説は、ソネット（14行詩）を10篇集めたシンプルな詩集なのだが、驚くべきは各詩の1行1行が切り離し可能になっていることだ。すなわち各行には10個のオプションがあり、それが14行続くため、読者がカスタムできる潜在的な詩は10の14乗で100兆通りあるということになる。たった10ページの詩集かと思いきや、一生かかっても読み切れない作品数が詰まっているのだ。このアイデアは一体どのようにして生まれたのだろうか。

CHAPTER 3 : ZERO TO ONE　　　　　　　　　　　　　　　085

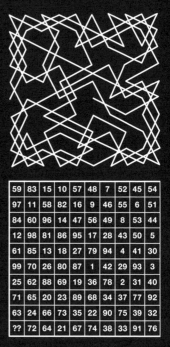

59	83	15	10	57	48	7	52	45	54
97	11	58	82	16	9	46	55	6	51
84	60	96	14	47	56	49	8	53	44
12	98	81	86	95	17	28	43	50	5
61	85	13	18	27	79	94	4	41	30
99	70	26	80	87	1	42	29	93	3
25	62	88	69	19	36	78	2	31	40
71	65	20	23	89	68	34	37	77	92
63	24	66	73	35	22	90	75	39	32
??	72	64	21	67	74	38	33	91	76

france culture
https://www.franceculture.fr

ポイントはこの作品が、小説家ひとりからでは、あるいは数学者ひとりからでは、決して生まれなかったものであるということだ。すなわち互いにかけ離れた専門性を持つふたりが、同じプロジェクトを進める過程で、相方の専門的知識が、自らのフィールドの知識に「見えてしまう」ことから始まっている。『百兆の詩編』の場合、数学者が持ってきた「順列・組合せの数式」が、小説家にとってみれば新しい「目次のアイデア」に見えてしまったのだ。なぜ？ と聞いたところで、そこに理由などないのだ。レーモン・クノーの個人的な見立てる力が生んだ奇跡なのである。

　例えば小説家ジョルジュ・ペレックの『人生 使用法』という作品を見てみよう。
　これはジョルジュがボードゲームプレーヤーと対話をしながら、とあるパリのアパルトマンを眺めていた時、その建物の断面が「ジグゾーパズルに見えてしまった」ことから発想されている。そのアパルトマンに今住んでいる住人、かつての住人、様々なバックグラウンド・人生を持ったひとりひとりが、まるでパズルのピースのように互いに組み合わさり、離れていきながら物語は進行していくのだ。各章でフォーカスされる部屋は、チェスのナイトの動きに従って選択され、ランダムに見えながらもボードゲーム的ルールがしっかりと感じられる傑作である。

CHAPTER 3 : ZERO TO ONE

Logic × Marketing
個人の見立てる力

なぜハーバード・デザインスクールが半世紀も前のこんな奇妙な文学集団を最初に取り上げるのか。それは、世の中を変えるような革新的アイデアは、ロジックやマーケティングからは決して生まれてくることはなく、ある専門性を持った個人が、異分野の知識に触れた時、そこはかとなく自身の専門分野の話に「見えてしまった」という極めて個人的な「見立てる力」こそが重要なのではないか？ という仮説を持っているからである。カルロスはそれを「シークレット」と呼んでいた。これは、その個人にしか思いつかないアイデアということであり、他人が容易に真似できない参入障壁の高いアイデアである可能性が高いということ。

　"Potential Architecture（建築になる可能性を秘めた、建築とは呼べないもの）"の授業。それは「見立てる力」を養うことが「創造性」に直結するという思想を根付かせる授業でもあった。

CHAPTER 3 : ZERO TO ONE　　　　　　　　　　　　　　　　089

バックキャスティングデザイン 〜未来からの逆算力〜

　まずハーバードの設計製図の授業にはスポンサーがつく。クライアント
ワークの実践的な疑似体験をすることができるのだ。私の修了設計でも
あったこのスタジオのスポンサーはNASA。テーマは「50年後のNASAの働
き方をデザインしてください」であった。

　一般的な日本の建築学科の製図課題というのは、実際の敷地が与えられ、
そこに決められたプログラムの建物を設計するという課題がほとんどであ
る。ところがハーバードでは「建築を設計せよ」とは決して言わない。建築
を建てないという選択をすることも建築家の仕事の一部である、という考
え方。ひいては、そもそも建築家がデザインすべきは建物ではなく、未来に
対するビジョンであるべき、という思想。

　かつて建築家のルイス・サリヴァンは"Form follows function（形態は機
能に従う）"と言ったが、ここでは"Form follows vision（形態はビジョンに
従う）"。3カ月に及ぶ設計期間の約9割をビジョンづくりに充てさせるのが
特色と言えるだろう。デザイン（設計）は最後の最後なのである。

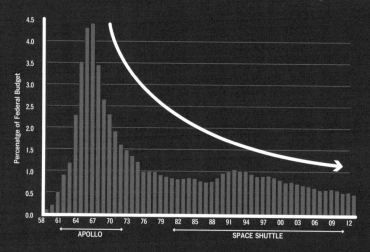

私はまず、ここ数十年のNASAの政府から受ける予算配分を見るところからはじめた。するとアポロ計画→スペースシャトル計画以降、予算が右肩下がりに激減していることがわかった。これは温暖化、砂漠化、地震やサイクロン等、地球で発生している異常気象対策の方が、宇宙開発よりよほど急務であるという認識を持たれてしまっているからであろうと分析。もしNASAが50年後、これまで宇宙開発で得たノウハウを地球に還元する組織になっていけば、国家から予算を取り戻せるのではないか、という仮説を立てた。

例えば火星に移住するために蓄積してきたノウハウを砂漠の住環境開発
に再解釈すること。

　例えば月で暮らすための技術を、南極で暮らすための技術に翻訳するこ
と。

　例えば無重力空間における人体の変化に関する知識を、海中で生活する
際に応用できないか等。

　宇宙をある種の極限状態の場所と捉え、それを再現することで、地球上の
極限地域開発のシミュレーションができるような組織があればいいと思っ
た。私はそれをExtreme Situation Experimental Laboratory（極限地域実
験研究所）と名付け、XSXLという愛称を付けた。

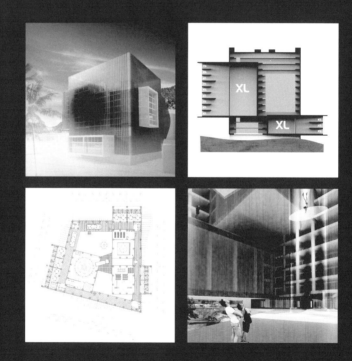

実際にロスアンゼルスのNASAの研究施設（JPL）を訪れてみると、研究者たちは日々、空間的にXS（Extra Small）サイズの研究室と、XL（Extra Large）サイズの実験施設を往復していることがわかった。このふたつの場所を互いに極端に隣接させることで、シミュレーションのラピッドプロトタイピングができるであろうという仮説の下、XSとXLの空間が密接した巨大な箱を、さらに大きな箱の中に挿入していくというフォルムのアイデアを出した。

他人中心デザイン
自己中心デザイン

ハーバード・デザインスクールが教えてくれたこと

　それは「個人の見立てる力」と「未来からの逆算力」。未来を現在の延長と捉えるのではなく、まず自分が個人的にどういう未来にしたいか、という願望を研ぎ澄ましていくこと。そして極端に個人的な願望に基づいた未来から逆算した時、現在、この世界になにが必要になるか。それがデザインすべき答えであるということ。これをデザイン思考の文脈で捉え直せば、デザイン思考は他者に課題を見出す「他人中心デザイン」であったのに対して、ハーバードのは「自己中心デザイン」と呼べるかもしれない。

Vilfredo Federico Damaso Pareto

問題提起としてのスペキュラティブ・デザイン

ハーバードが「個人の見立てに基づいた未来からのバックキャスティング」を教育のコアに置きはじめたのと時を同じくして、イギリス・ロンドンの地で新しいデザイン思想が生まれた。"Speculative Design（スペキュラティブ・デザイン）"。

聞き慣れない言葉であるが、「スペキュレート」自体は金融の世界で「投機する」の意味で一般的に使われている。私はたまたま、この言葉を以前から知っていた。1940年に書かれたジェームズ・ヤングの著書『アイデアのつくり方』の中に、社会学者パレートの学説を引用した以下のような一節があったのだ。

パレートは、人間は「スペキュラトゥール」（思索家）と「ランチエ」（金利、配当などで暮らす人）という二タイプに大別できると考えた。

パレートによれば「スペキュラトゥール」とは物事の新しい組み合わせの可能性を常に考えている人種だ。

CHAPTER 3 : ZERO TO ONE

101

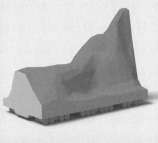

The MIT Press
Anthony Dunne(著), Fiona Raby(著)

スペキュラティブ・デザインというコンセプトが最初に提唱されたのは、ロンドンの芸大とも言われるロイヤル・カレッジ・オブ・アート出身のアンソニー・ダンとフィオナ・レイビーの著書 "Speculative Everything（邦題：スペキュラティブ・デザイン）" であった。この本の冒頭において、彼らはデザインの定義に関して以下のように述べている。

When people think of design, most believe it is about problem solving. [...] There are other possibilities for design：one is to use design as a means of speculating how things could be – speculative design.

　多くの人は「デザイン」と聞くと「問題解決」のことだと思うだろう。ところが他の可能性もある。ひとつは、デザインは「物事はこうなっていたかもしれない」と思索するための手段にもなり得ることだ。

現在と未来の関係性を考えてみる

　彼らは著書の中で"Future Cone（未来の三角錐）"と呼ばれるダイアグラムを描いている。

　私たちは無意識的に、未来というのは1本のレールのようなもので、私たちはその上をただ受動的に流されていくしかないと思いこんでいた。ところがこのダイアグラムが示しているのは、未来には、起こり得る可能性に準じて幅があるのではないか？ということ。

　横軸を時間軸として、左側に「現在」・右側に「未来」、縦軸はその事象の「起こり得る可能性」を示している。濃度の異なる二等辺三角形には、時間軸に近い方から順番に"Probable Future（ほぼ確実に来る未来）"、"Plausible Future（もっともらしい未来）"、"Possible Future（理論上は起こり得る未来）"となっている。つまり未来というのは一本道に定められているのではなく、スペクトラムになっているのだ。

未来 ≠ どうなるか？
　　＝どうしたいか？

そしてデザイナーの役割というのは、このあまたある未来の選択肢の中から"Preferable（望ましい未来）"のシナリオを提示することではないか、と述べている。

　未来は「どうなるか」という受動的姿勢で向き合うべきものではなく、「どうしたいか」という能動的な個人の願望に基づいて提示されるべきであるということだ。

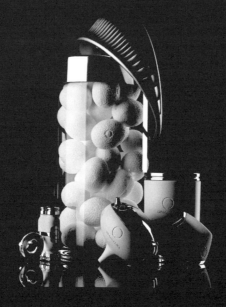

IINDUSTRY CO-CREATION
https://industry-co-creation.com

case1 : Takram

　デザインとエンジニアリングの垣根を超えたハイブリッドなプロジェクトで、東京とロンドンを中心に世界で活躍するデザイン・イノベーション・ファーム Takram（タクラム）。彼らのプロジェクトの中で、スペキュラティブ・デザインの代表例とも言うべき作品があるので是非とも紹介したい。それは「荒廃した未来の世界における水筒」がテーマのアートプロジェクトである。

「水筒をつくれ」と言われたら、普通は文字通り、水の入る容器を考えるだろう。ところが彼らは、そもそもその容器をつくることの必要性を根本的に疑うところからはじめる。まず遠い未来、酸性雨や水質汚染等の理由で、供給可能な飲み水が極端に減少しているのではないか、という仮説を立てる。そして、その極限状態においては、一度体内に摂り込んだ水分を体外に排出する水分量を極限まで少なくすることで、余計な水分（水筒）を必要としない身体になるであろうという結論に至ったのだ。最終的に彼らが出した答えは、体内で水分が循環し、喉が渇かなくなるように設計された人工臓器の一群 "Shenu"。

CHAPTER 3 : ZERO TO ONE

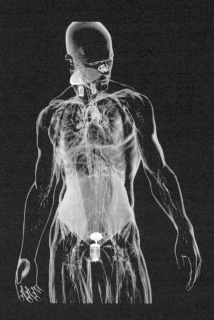

IINDUSTRY CO-CREATION
https://industry-co-creation.com

第2章でイームズの例を取り上げながら、デザインとは問題解決であることを強調した。しかしTakramのこのアートプロジェクトの場合、この人工臓器のアイデアは決して「現在の問題解決」ではない。

　私たちは現状、人工の膀胱をつけなければならないほど水に困ってはいない。ただこうして「未来に起こり得るシナリオ」を提示されることで、現在、私たちに何ができるかを考えはじめるきっかけとなる。酸性雨の根本原因である二酸化炭素排出への対策強化、水質汚染を加速させる工場や企業への課税、海水の淡水化等。未来の問題を提起されることで、今を生きる人たちの間で議論が巻き起こり、アクションがはじまること。これがスペキュラティブ・デザインの目的である。

CHAPTER 3 : ZERO TO ONE

Design
Fiction?

case2：Sputniko!

　ロイヤル・カレッジ・オブ・アート (以下RCA) にそのルーツを持つスペキュラティブ・デザインであるが、RCAの修士課程を修了し、その後マサチューセッツ工科大学 (以下MIT) のMedia Labの助教に就任した現代アーティストのスプツニ子！氏の手によって、その思想は北米東海岸に広がっていく。彼女が主宰していたデザイン・フィクション研究室には"Future of Empathy"という一風変わったゼミがあった。それは「共感の未来」をデザインする授業。そう、彼女が自身のアート作品のコアに掲げている哲学のひとつは「今まだこの世界にない新しい共感のカタチを示す」こと。とりわけ2010年、彼女のRCAの卒業制作プロジェクトである『生理マシーン、タカシの場合。』は、世界に衝撃を与えたスペキュラティブ・デザインの思想を体現する代表的な作品である。

　彼女が提示したシナリオは「男性が女性の生理痛を体験できる未来」

Sptuniko! Official Website
http://sputniko.com/

この作品は、腰の部分にまわして装着するベルト型のデバイスで、腹部には生理痛に近い鈍い痛みを伝える電極があり、後部のタンクからは女性の5日間の平均月経量である80mlの血がポタポタと流れるように設計されている。

　映像作品では、女の子になりたいと願う男子タカシが、女装するだけでは飽き足らず、女性特有の現象である「生理」も体験すべく「生理マシーン」を開発するという物語になっている。この動画は配信直後から1週間で10万人以上に視聴された。

　この作品もまた、Takramの作品と同じく「現在の問題解決」ではない。ところが「男性が女性の生理痛を体験できる」という起こり得る未来のシナリオを提示されることによって、今を生きる人たちの間で議論が巻き起こる。「21世紀にもなって何故まだ生理痛がなくならないのだろう」「今の性教育は正しいのか」「なぜバイアグラは国からの承認に半年しかかからなかったのに、避妊用ピルの承認には9年以上かかったのだろう」「ジェンダーに関わる政策を男性が作っているのが問題なのでは？」等、これまで考えもしなかったトピックが日常の中に舞い込んでくることで、ネクストステップのアクションに繋がっていく。

CHAPTER 3 : ZERO TO ONE　　　　　　　　　　　　115

soylent.com
https://soylent.com/

case3：Soylent

スペキュラティブ・デザインとは、「デザイン」という視覚に強く訴えかけるツールを使って、今の世界の私たちにはない未来の視点からの問題提起を行うことで、直近のアクションを促すための新しいデザイン思想なのである。

これまでのふたつのケースはあくまでアート作品であったが、未来からの逆算的な思想をビジネスに応用するパターンもあり得る。

例えばSoylentは、「生存に必要な栄養素がすべて含まれ、従来の食事が不要となる」をコンセプトに掲げた粉末状の完全栄養食で、水に溶かして飲むサプリメント（スナック・バー型の商品もある）を製造するスタートアップ企業である。

創業者で、ソフトウェア・エンジニアでもあるロブ・ラインハート氏は、もともと発展途上国でも導入できる安価なWi-Fiインフラのビジネスを仲間と起業していたが、資金繰りに困り果て、日々の食費すら節約しなければならない状態だった。それ以降、自らの事業はさておき、「人間が食べ物を摂らずに生きていく可能性」について真剣に模索をはじめる。生化学や医学の書籍を読み漁った結果行きついた答えは、１日に必要な最低限の栄養素をすべて補う分量の安価なサプリメントを購入し、ミキサーに入れて（理論上の）完全栄養食をつくることであった。

　生きていくのに必要なのは食べ物ではなく、食べ物の中に含まれる化学成分である、という仮説。肉や野菜そのものを摂取する必要などないのだ。

Soylentは瞬く間に世界中で話題になり、「SFドリンク」「未来の食べ物」等の愛称とともに多くのメディアに取り上げられた。30日間Soylentだけを飲んだ男のドキュメンタリー動画までできたほどだった。

特筆すべきは、ロブは当初、「未来の食事というのは、健康を維持するための必須の食事と、味を楽しむためのレジャーの食事に二分されるだろう」という、まるで星新一のショートショートのようなことを述べていたことだ。
このプロダクトも実は「現在の問題解決」を追求したものとは言い難い。ロブの極めて「個人的な悩み」をきっかけに描いた「個人的に実現したい未来」からの逆算として商品をつくっている。そこに計算し尽されたロジックやマーケティング戦略があるわけではないのだ。

case4：Spiber株式会社

　Spiber株式会社は、クモの糸に含まれるフィブロインをベースとした人工合成タンパク質や、それを加工した繊維等素材の量産技術の確立に成功したスタートアップ企業である。石油由来の繊維に取って代わる夢の繊維と呼ばれているのだが、これは極めて個人的な「見立てる力」によってドライブしている企業ならではのアイデアだと考えている。すなわちバイオの専門家である彼らからすれば、クモは8本足の節足動物ではなく、強靭な繊維をつくってくれる極小工場として「見えてしまった」のである。

　もし自分がアパレルメーカーや繊維メーカーの新商品開発部で売れる新商品のアイデアを考えていたとしよう。顧客のインサイトを得るためにグループインタビューを重ねるかもしれないし、SNSを通じて最新ファッション事情を徹底的にリサーチするかもしれない。あるいは温故知新で、世界中の歴史的な衣装、民族衣装を調べることもあるだろう。ところがどんなにマーケティングやリサーチに時間をかけたところで、「クモの糸」というキーワードに出会うことはない。

　このアイデアはあくまでも、クモの糸の物性を研究していた専門家がファッション業界をフィルタリングした時に初めて生まれる発想なのである。

Spiber　https://spiber.jp

動物を殺さない肉を作る！ー "Shojinmeat"純肉(培養肉)開発プロジェクト
https://camp-fire.jp/projects/view/20537

case5：Shojinmeat

　"Shojinmeat Project"は、2014年に、研究者、バイオハッカー、学生、イラストレーターらが集まり、動物を殺さずに、タンクの中で筋肉細胞を育てて作る食肉、すなわち「純肉（培養肉）」の実用化を目指すために生まれた組織である。私が初めて彼らのことを知ったのは、2017年末、東京ビッグサイトで開催されていたコミックマーケットにて、彼らが出展していたブースに立ち寄ったのがきっかけであった。当時はちょうど『君の膵臓を食べたい』という住野よる氏原作のアニメが話題になっていたのだが、Shojinmeatのメンバーが大真面目にそのタイトルの実現可能性について検討していたのが印象的であった。好きな子の細胞を一部採取し、膵臓になるまで培養してから食べれば、結果的に「君の膵臓」を食べたのと同義なのだ。

　彼らは純粋にアカデミックな知的好奇心をドライブにして事業を進めているが、これは例えば、動物を殺すことをよしとしない宗教圏であったり、動物愛護を目的としたベジタリアンの人にとっては、肉の味・食感がする貴重なタンパク源になる可能性を秘めており、大いなる事業発展可能性を感じることができる。

CHAPTER 3 : ZERO TO ONE

ビジョンによる組織づくり

　ハーバード・デザインスクール、MIT Media Lab、RCA、Oulipo、そして
ケースで扱った複数事例における組織の発想プロセスを眺めていると、「個
人の見立て」や「未来からの逆算」を効果的に誘発するための組織づくりと
して、ある共通するルールが見えてくる。それは、

「専門性」ではなく「ビジョン」によって組織を分ける。

　ということだ。
　例えば大学の研究室であれば当然、研究対象によって組織が分けられて
いる。私であれば理工学部建築学科。他にも理学部生物学科、文学部哲学科、
音楽学部声楽科等。挙げていけばキリはないのだが、各組織にはその専門家
が集まっているという図式である。そしてこの組織が互いに交流すること
は滅多にない。それは企業においてもそうだ。営業局、マーケティング局、事
業部、広報部等。その道のプロが集まって組織を成している。これらは「専

124　　　　　　　　　　　　　　　　　　デザイン思考の先を行くもの

門性」によって分けられた組織だ。

　一方でOulipoの例を思い出してほしい。彼らは「潜在的文学の追求」というビジョンこそ共にしているものの、小説家、数学者、音楽家等、組織を構成するメンバーの専門性はバラバラである。バラバラであるが故に、互いに互いの専門分野をリスペクトし、相手の考えを自らの専門分野の内容に「見立てる」ことで突飛な発想（数学者の数式を本の章立てに見立てたレーモン・クノー）を生んでいるのだ。

　以前ハーバード・デザインスクールの学科長に、合格者の選考基準を聞いたことがあった。すると建築にフォーカスした大学院であるにもかかわらず、学部教育で建築を学んでいたひとを積極的にはとらないようにしていると述べていた。それよりはむしろ、数学で1位だった人、音楽で1位だった人、哲学で1位だった人を集めたほうが、建築の既成概念を壊してくれるような新しい化学反応が起こる確率が高まるでしょう、と。（ちなみに私は広告分野の専門家と勘違いしてくれたが故に合格したラッキー枠である…）

CHAPTER 3 : ZERO TO ONE　　　　　　　　　　　　　　　125

COLUMN 4

合格者の国別比率は国力の比率!?

　ハーバードのデザインスクールには、米国人が意外と少ない。むしろ私が在籍していた都市デザイン学科に関していえば、約半分が中国からの学生で(途中何度も精華大学に留学している気分になった)、残りが南米とヨーロッパといった具合だ。問題はこれが必ずしも応募者の母数や成績に比例しているわけではないということ。私はこれが各国の都市開発にかける予算の規模の順番だという仮説を持っている。建築の大学院ならではのことであるが、指導教授の多くが自身の設計事務所を持っており、世界をまたにかけて仕事をしている。そう、現在教授陣の本業の仕事が中国に集中している。つまり彼らは、自分に代わって現地の言葉でリサーチをしてくれるある種の「部下」を合格者の中に求めている。合格者の国別比率は、各国の国力の比率であるとも言えるのだ。

第**4**章
0→1の実践

Chapter 4
0→1 Practice

CCCメディアハウス
ジェームス W.ヤング(著),竹内 均(解説), 今井 茂雄(翻訳)

発想と思考プロセス

　それでは一体どのような思考プロセスを使えば、「個人の見立て」や「未来からの逆算」を利用して発想することができるのだろうか。

　ジェームス・ヤングは著書『アイデアのつくり方』の中で、以下のように述べている。

アイデアとは既存の要素の新しい組み合わせ以外の
何ものでもない。

　確かに私たちも様々な本や記事を通じて、うっすらとこの考え方については知っていた。ところが、どのような既存要素を組み合わせればいいのか、という最も重要な点について、実はヤングの本では触れられていないのだ。この章では前章で扱ったプロジェクトの「生まれる瞬間」を抽象化していこうと思う。

第2章において、iPhoneの改善の過程をデザイン思考の好例として見ていったが、実は2007年の最初のiPhoneが生まれるプロセスは、デザイン思考ではない。

　想像してみてほしい。もし、自分がガラケー全盛期の頃のメーカーで、携帯電話の端末を開発する部署にいたとしよう。成熟しきったプロダクトを目の前にして、もはや新しくできるところは外見を著名デザイナーに頼むか、折りたたんだあとの表面でもメールを読めるようにするか、着メロの音質をやたらと向上させるか等。打ち手がかなり限られているはずである。

CHAPTER 4 : O TO I PRACTICE　　　　　　　　131

そこでデザイン思考だ。

街に出てガラケーのユーザーの行動を観察したり、グループインタビューをして彼らのインサイトを探ろうとする。しかしどんなにこのステップを繰り返しても、「なんかフルフラットな画面でボタンはホームに戻るためのシンプルなのがひとつだけで十分かなー。あとアプリのオンラインプラットフォームをつくってユーザーそれぞれが好きなアプリとか音楽をダウンロードしてカスタマイズしていけるような携帯が欲しいかも！」なんてフィードバックをくれる天才ギャルが現れるわけもない。

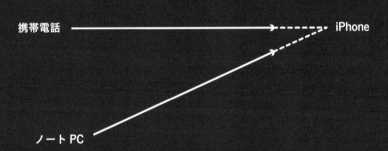

iPhoneが生まれた経緯。これはもはやあまりにも有名なエピソードになってしまっているが、スマホはガラケーの延長として誕生したものではなく、ノートPCを小さくするという発想から生まれている。「携帯電話を革新したい」というビジョンを持ったチームに、ノートPCの専門家を投入することで、ハードディスクというPCの領域では当たり前に使われていた技術が、携帯電話チームの人に取ってみれば、今までに聞いたこともなかった携帯電話用のOSに「見えてきてしまった」のである。言葉を換えれば、携帯電話の未来の延長線と、ノートPCの未来の延長線の交点にアイデアを見出したのだ。同じ専門性を持った組織を、ひとつの大きな「個人」としてとらえるとすると、まさに「個人の見立てる力」によってつくられたデバイスと言えるだろう。

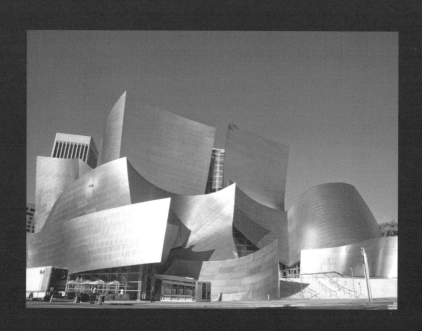

今度は建築の世界に目を向けてみる。

　アメリカ建築界最後の巨匠フランク・ゲーリー。今でこそスペインのビルバオ・グッゲンハイム美術館や、LAのウォルト・ディズニー・コンサートホールで天才の名を欲しいままにしているが、彼は長い間「アンビルト建築家（建築を建てない建築家）」として活動していた。理由は彼の建築を見れば一目瞭然である。金属板をティッシュのように曲げたようなフォルムの建築は、施工不可能と言われていたのだ。彼は仕方なく比較的凡庸なフォルムの建物の設計で食いつなぎ、模型やドローイングで、そのビジョンだけを発信していた。しかしある時を境に、彼の思想はどんどん実現されていった。

CHAPTER 4 : 0 TO 1 PRACTICE

スペキュラティブ・デザイン的発想プロセスは、基本的にひとりで行うことはなかなか難しい。異なる専門性の掛け合わせ、見立て合い、が必要になってくる。

　それではゲーリーは一体どんな専門家とコラボレーションしたのだろうか。そこで当時、彼が頻繁に交流していた相手を調べていくと、造船エンジニアや航空力学のエンジニアが実に多いことがわかった。確かに飛行機や船は、ひとつひとつすべて曲率のことなる金属パネルを組み合わせ、大きな曲面を描いている。造船や飛行機のエンジニアからしたら当たり前の施工方法も、ゲーリーにとってみれば自らのビジョンを形にできる夢の施工技術に「見えてしまった」に違いない。これもiPhoneの時と同様、建築の未来の延長線と、造船の未来の延長線にブレイクスルーの糸口を見つけたと言えるだろう。

革新したいこと ————————→ - - - - ·→ アイデア

異分野の専門知識

このふたつの事例から、複数人でアイディエーションする過程を考える。すると【革新したいこと】に対して、その要素とは関係のない【異分野の専門知識】を掛け合わせることで、思いもよらなかったジャンプが生まれていることがわかる。

　その際に注意しなければならないのは、これは単純に異分野の人をかき集めてワークショップをすればいい、ということではないのだ。【異分野の専門知識】要員で呼ばれた人は、まず最初に自らの知識を簡略的にまとめ、みんなに提示することからはじめる。論文で言えば最初の概略の部分にあたる。提示された側の【革新したいこと】チームの人は、その知識を見て、自らの専門分野の話としてひたすら「見立てる」作業をはじめる。その逆もまた然りだ。

　つまり、その場所には複数人いるにはいるのだが、結局は個人作業を行うことになる。アイデアというのは何人かの脳に同時に思い浮かぶことはない。結局最後は誰かひとりが思いついているのである。

CHAPTER 4 : 0 TO 1 PRACTICE

ものづくりのイノベーション

横井軍平 著

「枯れた技術の水平思考」とは何か？

決定版！ゲームの神様
横井軍平のことば

この人がいなければ
日本はもっとつまらない国
だったでしょう。
塚田正晃

「ゲームの世界では、
りんごが赤であろうが
青であろうが
関係無いんですよ。
それはりんごの絵を描けば
始との人が赤に感じてくれる
わけですから。」
猪子寿之

伝統の任天堂開発者
本人による「こぼれ
話された開発哲学
「枯れた技術の水平思考」
ついに、全貌を現す

P-Vine BOOks
SPACE SHOWER NETWORKS INC.

スペースシャワーネットワーク
横井軍平 (著), 草なぎ洋平 (編集), 影山裕樹 (編集)

枯れた技術の水平思考

　この考え方を整理している時、素晴らしいケースとともにこの思想を既に実践されていた方の本があったので是非とも紹介したい。任天堂のゲームエンジニア横井軍平氏の著書『枯れた技術の水平思考』である。（タイトルがあまりにもわかりやすく雄弁で、もはや私から説明することは何もないのだが）枯れた技術とは、「ある産業の中で既に広く使われていて、確固たるノウハウが築かれ、そのメリット・デメリットが明らかになっている」技術のことである。この枯れた技術を、異なる使われ方、ひいては異なる産業に対して転用することで、相乗効果の高い組み合わせが生まれる、ということだ。

例えば昔ながらの白黒の電卓を考えてみよう。1980年代後半、電卓に使われていた液晶は、すでにコスト的に十分安価になるまで開発が進んでおり、電卓以外の主だった用途もなく、成熟しきっていた技術であった。一方ゲーム業界では、ゲームギアやATARI Lynxなどの他社の携帯機が、カラー液晶を採用することで圧倒的な表現力で差別化を図ろうとしていた。

　そこで、横井軍平の枯れた技術の水平思考である。燃費効率のいい電卓用の白黒液晶を、あえて携帯ゲーム機の画面に転用することで、持ち歩いて、どこでも遊び続けられるゲーム機が生まれた。それがゲームボーイである。累計販売台数1億台のメガヒットとなった。「ゲーム機」を【革新したいこと】として掲げていた横井軍平氏に、電卓の液晶画面の【異分野の専門知識】を見せることで、彼の中に「見立て」を誘発することができたのだ。

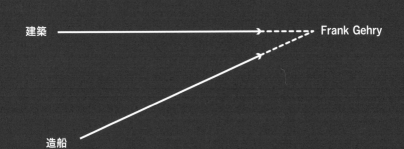

枯れた技術の水平思考のいいところは、【異分野の専門知識】要因の人抜きには決して思いもつかなかったアイデアが飛び出してくる、ということが挙げられるが、それ以上に大きいのはコストの面であろう。R&Dのための開発コストがかからないのだ。ある産業で既に開発されきっているのだから当然である。ゲーリーの建築の例で極端に言えば、建築の施工現場に造船技師を連れてくるだけで状況が一変するかもしれない。そこに余分なコストはほとんどかからない。

　イノベーションの最初のボトルネックは、成功するかもわからない事業に対する研究開発コストだと思うが、枯れた技術の水平思考であれば問題ない。さらに言えば、その成熟した技術のデメリットも既に明らかになっているため、リスクマネジメントも容易になる。

Passion

パッションを軸にする

これまで0→1の発想を行うには、複数人を交えた場での「見立て」の個人作業がコツであると述べてきた。なぜ複数人必要かと言えば、自分の中にはない異分野の専門知識に対して、自分の専門分野のフィルターをかけることで「見立ての発想」をするからであった。

もし、この発想プロセスを自分ひとりで無理やり行うことができたらどうだろう。そこで私が実践しているのは、自分の人格をふたつに分断して交互に行き来するという方法だ。

例えば自分が教育産業に関わっていて、「既存の受験教育」を革新したい、と思っていたとする。そこに、教育とは全く関係のない、自分が「パッションを持っていること」の知識を持ってくるのだ。例えば、大学時代の専攻がDNAの二重らせん構造だったならばその知識を、前職が家電のエンジニアだったならば、その知識を掛け合わせる。

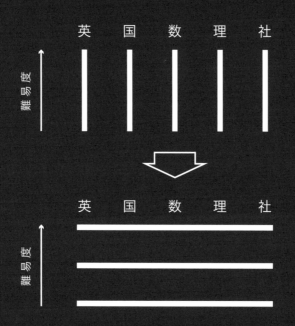

仮に自分が情熱を持っている趣味として「アニメ」が挙げられるのならば、それと「教育」との掛け算を考えてみることにしよう。

　既存の受験教育というのは、基本的には英語、数学、国語、理科、社会等、科目ごとに先生や教材を分けた「縦割り」の構造を持っている。一方アニメの制作過程を思い浮かべてみると、全編にわたって背景だけを描く担当者、下描きの担当者、ペン入れの担当者、声優等。シーンごとの縦割りではなく、映像の物理的なレイヤーごとの「横割り」によって出来ていることがわかる。

　ここで自らの人格を分断する。

「アニメの制作過程は横割りである」という専門知識を持ってきたのは自分ではなく、誰か別の人だと思いこみ、その知識に対して、「受験教育を革新したい自分」のフィルターを通して見立ての作業を行う。すると、もしも受験教育を、教科に依らず「入門」から「発展」までのステップごとに分けて、それぞれの勉強法のみを教える横割りの塾ができたとしたら？　と仮説を持ってみるのだ。

CHAPTER 4：0 TO 1 PRACTICE

151

実際、受験勉強を思い出してみると、どの教科にも必ず入門用の参考書があり、中級用の問題集があり、最後は志望校の過去問がある。それは全教科に対して同じことが言える。そのステップごとに、どのようにしたら効率的に勉強ができるかという勉強メソッドだけを教える横割りの塾のイメージが見えてこないだろうか。このアイデアは、受験教育のことだけを考えていても生まれ得なかったし、もちろん、アニメの制作過程だけを考えていても受験教育にまで発想が及ぶわけもなかった。

　無理やり自分の人格を分断し、自分自身の中で「見立て」を行うことでジャンプ力の高いアイデアが出すことができるのである。お気づきの人もいるかもしれないが、この掛け合わせるふたつの要素は、互いに遠ければ遠いほど、アイデアのジャンプの高さは高くなっていく。意識的に「革新したいこと」と「パッションを持っていること」は遠いものを選ぶように心がけよう。

152　　　　　　　　　　　　　　　　デザイン思考の先を行くもの

ところで何故「パッション」という言葉をあえて使うか、についてであるが、これは情熱を持てるような好きなことであれば、当然、もともと深い知識を持っているし、今後も自発的にインプットをしていく可能性が高いからである。

　複数人で発想する場合は、単純に異なる二分野の専門家を連れてくれば良かったが、ひとりで行う場合は、自分自身に特筆すべき専門的なバックグラウンドがないことの方が多い。そこで専門家ほどではないが「情熱を持てること」を軸にすることで、掛け合わせる知識の質を高めていく余地を残すことができるのだ。

Exercise

「見立てる力」のトレーニング

【革新したいこと】に対して【異分野の専門知識】か【パッションを持っていること】を掛け合わせるところまではわかった。ところが異分野のものを見た時に、どのようにすれば自分だけからは思いつかないような「見立て」を行うことができるのだろうか。これには日々の訓練によって見立ての習慣をつける必要がある。

　ここからは私が普段、日常的に実践している思考トレーニングを紹介する。

Roleplaying

ロールプレイング法

exercise1：ロールプレイング法

　数年前にネットで話題になった "Nail Clipper Air（爪切りエア）" という動画をご存じだろうか（youtube参照）。これはどこにでもある銀色の凡庸な爪切りを、まるでAppleのMacBook AirのCMのように紹介する動画である。白ホリゾントの抽象的な空間に、デザイナーやエンジニアが出てきて、想い想いに開発の背景を語っていく。そこに爪切りのCGがカットバック。寸法や重量などのドライな情報が淡々と表示されていく。一度でもApple製品のCMを見たことがある人であれば、ひと目でパロディとわかり笑えてしまう動画である。この動画の制作者は、あくまである種の「あるあるネタ」としてつくっているだけだが、この発想プロセスは非常に効果的だ。

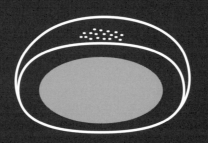

つまり「あの人だったらどんなアイデアを出すだろう」というロールプレイングを脳内で行うのである。

　例えば自分がアンパンのCMをつくることになったとしよう。まずは商品の売りをリサーチするところからはじめ、結果、餡子の甘味と生地のふっくら感、が特徴であることがわかったとする。その特徴がいちばん誇張できるようなCMアイデアを考えていくのだが、この方向性でいくと、大体誰が考えても同じような凡庸なアイデアが出てきてしまう。伝えたいメッセージが同じなので当然である。そこでインパクトある動画をつくるために、一旦アンパンから離れる。そして、仮に「もしユニクロがアンパンのCMをつくったとしたら？」という具合にロールプレイングをしてみるのだ。するとどうだろう。色んな国籍を持った若者が、それぞれ異なる色の鮮やかなカラーパンツをはき、軽快なBGMとともにアンパン片手に白い階段を降りてくる画が想像できないだろうか？　これはアンパンを中心に考えては出なかった発想である。

実は建築家も日々、ロールプレイングを行っている。

　建築家は設計対象である敷地に最初に足を運んだ時、無意識的に、「コルビュジエだったらこの斜面をどのように利用するだろう」「安藤忠雄だったらどんな素材を使うだろう」「フランク・ロイド・ライトだったらどのように自然光を採りこむだろう」という具合に妄想をはじめる。この妄想の引き出しが多ければ多いほど優秀な建築家と言えるのだ。そしてこの妄想的ロールプレイングの精度を上げるためには、相当深いところまで各建築家の設計のクセや思想を熟知していなければならない。デザインの勉強とは、極端に言えばこの引き出しの量（ケーススタディ）を増やしていく作業であり、知識量こそがすべてなのである。

このロールプレイング法は何もこういったクリエイティブワークに関わることにしか使えないわけではない。

　例えば経営戦略を考える時でも、明日もし自分の会社の社長がユニクロの柳井正氏に変わったら、最初にどんな経営方針を打ち出すか、を必死に考えてみるのだ。すると自社のアセットとリソースだけからでは決して出てこなかったようなオプションが見えてくるに違いない。この場合においても、世界中の経営者の意思決定事例や経営方針を抽象化して自分の中にストックしておく必要がある。この「なりきり」に慣れていくことで、結果、自分の人格を分断し行き来する、という思考法にもスムーズに移行することができる。

CHAPTER 4 : 0 to 1 PRACTICE

Factorization

因数分解法

exercise2: 因数分解法

　ハーバード・デザインスクールではグループワークによる設計を頻繁に行う。そこでは自分とまったく異なるバックグラウンドのメンバーとアイデアを創り上げていくことになるが、作業をはじめる前にまず、それぞれが自分の持っている手札を見せ合うところから議論がはじまる。これまで何をやってきたか、何ができるか、何が苦手か等。自分を構成する要素を洗い出し、お互いに見せあうことで、どの要素を組み合わせればシナジーが生まれるかをプロジェクトの冒頭でしっかりと考え抜くのだ。

　実はこのプロセス、謎かけの思考過程と完全に一致していることに最近気がついた。

マイク　　　　心霊写真
　↓　　　　　　↑
音量　——→　怨霊

以前あるお笑い芸人の方が、ライブで即興謎かけをしているのを見かけた。客席から発せられた「マイク」というお題に対して、1秒するかしないかのタイミングで「整いました!」という声が会場に響いた。

「マイクとかけまして、心霊写真と解きます。その心は、どちらも【オンリョウ（音量 ／ 怨霊）】が気になります」で拍手喝采である。

　この答えが出るまでの彼の頭の中を覗いてみると、まず最初の0.3秒程度で「マイクの関連ワード」を頭の中に出しまくる。ボリューム、ライブ、コンサート、音量、拡散、スピーチなどがそれだ。この中で同音異義語がありそうなものを見つけ出す。彼は「音量」を選び、その同音異義語として「怨霊」を想起した。最後は「怨霊の関連ワード」を頭に浮かべて、「心霊写真」が思いついた瞬間に「整いました!」と声を張る。

　この思考プロセスにおいて一番重要になってくるのは、最初の「マイクの関連ワード」を出すフェーズである。ここで瞬間的に何個の言葉を思いつけるかが、同音異義語を持つワードにたどり着くまでの時間をグッと早める。これはハーバードやMITでのプロジェクトでもまったく同じ。自分の研究対象をどれだけ細かく因数分解できるかが、異分野のキーワードとの関連性を見つけるのに必須のスキルとなってくる。そこで、日頃からあらゆる物事を因数分解して認識していく習慣をつけることをオススメする。

CHAPTER 4：0 TO 1 PRACTICE　　　　　　　165

膜＝変数

軸＝定数

柄＝定数

例えば、新しい傘のアイデアを考えてみることにしよう。

　この時、いきなり闇雲に傘のアイデアを考えはじめるとすぐに手が止まってしまう。何から考えていいかわからなくなるのだ。また、仮に何個かアイデアを思いついたとしても、自分の中でそれがすべての可能性を網羅できているのか、最後までしっくりこないことになるだろう。

　そこで傘を手で持つ「柄」の部分、鉄の「軸」の部分、雨をよける「膜」の部分、と3つのパートに因数分解してみる。そしてこの3つの変数のうち、2つを定数として固定し、残ったひとつの因数のみをズラしていくのだ。

　最初に「柄」と「軸」をそのまま固定し、「膜」だけズラしていくとする。普通この膜は雨をはじく素材で出来ているが、あえて「水を吸収する素材」として考えてみよう。すると、砂漠を歩く際の日傘として使用し、歩けば歩くほど、空気中のわずかな水分を吸収して飲み水を生成してくれる傘ができるかもしれない。

今度は「柄」と「膜」を固定し、「軸」だけズラしてみる。もしこの鉄軸を硬めのシリコンでつくったらどうなるだろうか。おそらく多少不安定ではあるが、強風の時でも決して折れない傘ができるかもしれない。最後は「柄」だけを変数としてズラしていく。もし柄の部分が大きなマジックハンドになっていて、肩を挟み込めるとしたら、ハンズフリーの傘ができるだろう。ドローンをつけたら自分の頭上を追いかけてくれる空飛ぶ傘ができるかもしれない。

　この手法を用いたアイデア出しでは、最初に対象となる物体の構成要素を、如何に抽象化しながら因数分解できるかがカギとなる。それはビスやナット等、細かすぎる部品にまで落とし込んでいたら、因数の量が膨大になりすぎてしまうからだ。あくまでもその対象における大枠の機能を参考に因数分解していく。私はこれを「物理的因数分解」と呼んでいる。

CHAPTER 4 : 0 TO 1 PRACTICE

なぜ「物理的」と表現したか。それは対象を「時間」によって因数分解することもできるのだ。

　演劇や映画をかじったことがある人なら、古典的な物語は基本、三幕構成で出来ていることは聞いたことがあるかと思う。日本ではたまたま、二幕と三幕の間の瞬間を「転」として、起承転結の4要素で物語を因数分解している。日頃からあらゆる物語を起承転結に分けて因数分解していくと、そのわずかなズラしから多くのアイデアを考えることができる。

例えば、空がパーッと光り輝き、そのまぶしさから世界中の人の記憶が飛んでしまうのだが、たまたま室内にいたおかげで記憶を飛ばさずに済んだ男の数奇な1日を描いた物語を書いたとしよう。この物語を自分で起承転結に因数分解し、その「起」の部分（空が光った時）を削除すると『世にも奇妙な物語』になる。つまりドラマが始まった瞬間、なぜか自分以外全員記憶を失っている状況からはじまるのだ。

　時間的因数分解を行った後に、ズラすのではなく、消す、ということも操作としてあり得る。

CHAPTER 4 : 0 to 1 PRACTICE　　　　　　　　　　　　　　173

結　起　結　転　承　起　承　転　結　起　承　起　結

3幕　1幕　3幕　2幕　1幕　2幕　3幕　1幕　2幕　1幕　3幕

別のケースで言えば、自分で書いた物語を因数分解した上で、さらに無理やり細かく分節していき、その順番をランダムにごちゃ混ぜにしたとしよう。するとクエンティン・タランティーノの『パルプ・フィクション』ができあがる。

　このように時間的因数分解に慣れてくると、因数分解の結果が近しいもの同士を瞬時で脳内でリンクさせることができるようになる。それは、この世界のあらゆる時間体験は、すべて時系列に沿って因数分解することができるからだ。音楽であればイントロ、Aメロ、Bメロ、サビ、エンディング。建築なら、アプローチ、入口、部屋、部屋、部屋、出口等。その因数の中で、変数をひとつに絞ってズラす（消す ／ 足す ／ 入れ替える）だけで、網羅的に多くのアイデアを出すことが可能になるのだ。

Where
is
Waldo?

ウォーリーを探せ法

exercise3: ウォーリーを探せ法

　以前広告会社で働いていた時、とある家電のCMを担当していた。ある日、数時間後にそのCMの社内企画打合せが迫っていたのだが、まだ何もアイデアが思いついておらず、焦りながらも電車に揺られながら会社に向かっていた。するとどうしたものか。電車の中の女子高生たちやサラリーマンたちの会話が、なぜか家電のCMのセリフ回しに「聞こえてしまった」のだ。何かを思いつきたいと思っている時、目に見えるもの、耳から入ってくる音が、すべて思いつきたい対象に関連したものに思えてくるこの現象を、私は「ウォーリーを探せ」状態と呼んでいる。

フレーベル館
マーティン ハンドフォード (著)

『ウォーリーを探せ』の絵は、何も言われなければ複雑なポップアートなのだが、「ウォーリーを探せ」というミッションを出されたおかげで、脳が勝手にあの複雑なイラストからひとりの男を見つけ出してくれるのだ。つまり大量の情報をインプットする直前に、脳に特定のミッションを与えておくと、すべての情報の中から脳がミッションに関連した情報だけを自動的に抽出し、まるでミッション達成をサポートする要素のように「見立て」てくれるのである。

材料（4人分）	
米	2合
水	360 ㎖
寿司酢	大さじ3
焼き海苔	4枚
サーモン	100g
アボカド	1個
キュウリ	1本
カニカマ	6本
マヨネーズ	適量

- 建築のレシピをつくってみては？
- 建築のクックパッドはできないか？
- 建築において主菜と副菜とは？
- 建築でコース料理はできるか？
- ドレッシング的役割をするものは？

料理を物理的因数分解

例えば学生時代、何を思ったか料理のレシピ本を手に取り、「この本から絶対に建築を学ぶ」と決めて読み始めたことがあった。すると次々と想像だにしなかった自問自答がはじまったのである。料理にはレシピがあるのに、建築には図面しかない。建築のレシピをつくってみてはどうだろうか？　もし建築をレシピ化することができたら、建築のクックパッドのようなものができるのではないか？　世界中の人たちが、地元の建築のつくり方をウェブに公開していくプラットフォーム。ある人はアフリカの民家のレシピを見て、材料の土の部分をコンクリートに変えて自分の家を建てるかもしれない。郷土料理のレシピがあるように、土着的な建築の作り方がビジュアライズされていく。あるいは、建築においてコース料理のようなものは出来ないだろうか？　別々の場所に建っている建築を決められた順番で巡っていくことで、新しい価値が付加されていくような体験。建築において主菜・副菜とは？　ドレッシングとは？　一見全然関係のないように思えた料理の本から、まったく新しい建築的アイデアのエッセンスを次々と発見することができた。

CHAPTER 4 : 0 TO 1 PRACTICE

1. サーモンとアボカドは1cm幅に、キュウリは縦6等分にする

2. 米を炊き、寿司酢と合わせる。巻きすに焼き海苔をしき、その上に酢飯を均一になるように広げ、具を順番に並べてふんわりと巻く

3. 巻いた寿司の上からスライスしたアボカドをのせる

- 料理のプロセスはシナリオではないか？
- その場合材料はキャストとは言えないか？　　〉　**料理を時間的因数分解**
- ある料理を選択し、映画化できないか？

数日後、また同じ料理の本を手に取り、「この本から絶対に映画を学ぶ」と決めて読みはじめたのだが、今度はレシピの中でも特に「手順」が気になった。最初にメインとなる食材に下味をつけていきながら、徐々に火を通す工程に移っていき、付け合わせ等のサブの食材が加わりながら、最後すべての食材が一堂に会したワンプレートができあがる。もし各食材を「キャスト」に見立てることができたら、実はほぼほぼ映画のシナリオの構造と同じなのではないか？ と思えた。

　例えば、主人公にある日事件が起こり、そこに恋人や仲間、敵などが現れつつ、最後全員が大きな困難を乗り越えてエンディングを迎える、という筋書き。もしその見立てが可能であれば、ビーフストロガノフをつくる手順と同じシナリオの映画がつくれるのではないか？　逆に黒澤明の「生きる」のシナリオを抽象化して料理にすることはできないだろうか？ これが強引なこじつけであることは重々承知であるが、遠く離れたもの同士の関連性を強制的に見つけ出そうとするプロセスの中で、自分の経験値からでは絶対に思いつき得なかった発想を手に入れられることがある。

Mission

私はこのように、同じ本をミッションを変えて何度も何度も読むようにしている。すると、物事のカテゴリーや互いを隔てる境界線が消えていき、ありとあらゆることが自分の関心分野への学びに繋がっていく感覚を得ることができるのだ。この状態に入ると、24時間365日がまるごとインプットの時間になっていくだけでなく、「見立てる」スピードと創造力が飛躍的に向上することになるだろう。

Roots
Tracking

ルーツトラッキング法

exercise4: ルーツトラッキング法

「ロールプレイング法」「因数分解法」「ウォーリーを探せ法」。この3つの訓練を重ねることで、異なるふたつのキーワードをこじつける習慣と技術はみるみる鍛えられる。ただ、好奇心が強い人向けに、実はもうひとつ、こじつける技術を高めるショートカットをシェアしたい。

それは物事のルーツをひたすら辿っていくという訓練である。

数年前、病院建築のデザインを考えていた時、息抜きに"HOSPITAL"という言葉の語源を調べてみたのだ。すると類語として"HOSPITALITY（おもてなし）"、"HOSPICE（休息所）"、"HOSTEL（寮）"などがあり、結局は"HOTEL"と同じルーツを持っていたことがわかった。言われてみれば、その昔、長い道のりを歩いて足を怪我した旅人が、治療をし、かつ、宿泊するような場所があったことは容易に想像できる。その「治療」の機能に特化したのが病院で、「宿泊」に特化したのがホテルということだ。そこで私は病院の設計をしているのにもかかわらず、ホテル建築のリサーチを行い、最終的にホテルのような共用スペース、個室を持った病院を提案した。クライアントとしては当初は「？」だったようだが、病院という言葉のルーツを話すと深く納得してもらうことが出来た。

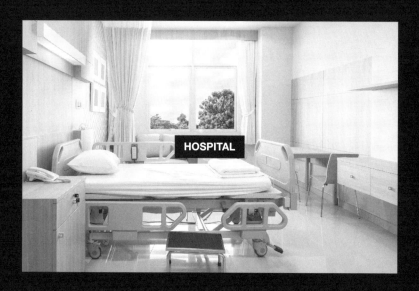

私たちはつい、この広大な世界にもともと存在していた物事に対して、ひとつひとつ人間が名前をつけてきたのだと思いがちである。ところが実際は、名前を与えることで世界が広がっていったのだ。例えばある民族は「狼」と「犬」の区別がなく、すべて「狼」でくくっているそうである。もし狼と犬が混在してる群れを見た時、彼らはそこに動物が1種類しかいないように見えているが、私たちには2種類見えている。情報量にして2倍。例えばある民族には「死ぬ」という概念がない。「長く眠る」か「短く眠る」の違いでしかないのだ。

　世界の広さは、言葉の量で決まる。逆に考えれば、あまりにも広いこの世界も、言葉が分かれる以前にまで戻れば、森羅万象もともとルーツが同じである可能性が極めて高い。"Original" とは "Origin（起源）" の形容詞であるということ。日頃から言葉の語源や、物事のルーツを探る習慣をつけることで、共通点が皆無に思われたふたつの事象に橋がかかることがあるのだ。

CHAPTER 4 : 0 TO 1 PRACTICE

COLUMN 5

現在は未来で出来ている

　よくこんな話を耳にするだろう。星新一は何十年も前にスマートフォンやyoutubeらしきものをすでに小説に書いていて、まるで預言者のようだ。あるいは最先端の浮遊する乗り物は、手塚治虫がすでにマンガの未来都市の中に描いている。どうやってこんな未来を予測したのだろう、と。ところが実際は、彼らは未来を予知したわけではない。彼らは極めて個人的に「こうしたい」と思う未来を描いただけである。そして彼らの作品に影響を受けた子どもたちが、大人になって大企業に入り、エンジニアとして「あの頃の未来」を形にしているだけなのだ。

　私が定期的に読み返す本がふたつある。ひとつは『ドラえもん最新ひみつ道具大辞典』。もうひとつは星新一の小説の挿絵作家として知られる真鍋博の『超発明』だ。子どもの頃ももちろん楽しめたが、今見ると、本気ですべてのアイデアが世の中を変える起業アイデアに見えてくるだろう。未来は現在の延長にあるわけではない。個人的な未来が先に描かれ、そこに向かって現在が出来ているのだ。

第 5 章
社会実装

Chapter 5
Social Deployment

0→1——→10

3つの円の交点

　第3章で「革新したいこと」の未来の延長線と、「異分野の専門知識」あるいは「パッションを持てること」の未来の延長線との交点を考えることで、自分の経験と知識からでは決して生み出すことができなかった「0→1」を創出することの可能性について述べた。

　しかし私たちのゴールは「1」ではない。バックキャスティングやスペキュラティブ・デザインによってひねり出した「1」をデザイン思考によって磨きに磨き、最終的に社会に実装することでイノベーションという「10」を目指さなければならないのだ。

　そこで個人の見立てから生まれた「極めて個人的な未来像」と社会との接点を考えなければならない。

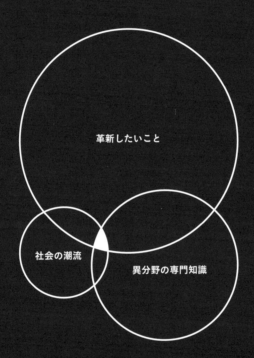

再びiPhoneの例に戻ろう。

「携帯電話」の未来と「ノートPC」の未来の交点に、確かにiPhoneという「端末」のアイデアはあった。ところがこの端末だけではiPhoneはここまでの社会インフラにはならなかったと言われている。iPhoneは、iPodのヒットによって成功が保障されたiTunes、そしてApp Storeというコンテンツやアプリのプラットフォームがあってはじめて、世界中に普及することができた。「ファイル共有」「音楽配信」「動画共有」といった社会の潮流にドンピシャで乗っかることができたのである。

　これを抽象化するとこのようなベン図を描くことができる。

　円の大きさの違いは、プライオリティの順番になっている。まずは自分が人生をかけてでも「革新したいこと」がトップにくる。そこに「異分野の専門知識」か「パッションを持てること」を掛け合わせ、その重なりにアイデアを見立てる。最後は、その時代・場所・ターゲットを取り巻く「社会の潮流」を加味することで、個人的な見立てによる参入障壁の高いシークレットなアイデアでありながら、社会に広がっていく確度の高い事業を創造できるのだ。

CHAPTER 5 : SOCIAL DEPLOYMENT

197

アイデアの再因数分解

我々が進もうとしている道が正しいかどうかを、
神は前もって教えてはくれない。

　これはアインシュタインの言葉であるが、確かに、これまで世界を変えてきた革新的なアイデアは、それが本当にイノベーションを起こすかどうかを事前に知る手立てはなかった。昨日まで世界になかったものをつくろうとしているのだ。大半の人が懐疑的になって当然である。むしろ、誰もが手放しに称賛してくれるアイデアは実行しないほうがいい。なぜなら人は、一般的に既視感のあるアイデアは安心して受け入れることができるからだ。そのアイデアはきっともう、誰かがやっている。

自分だけが信じてやまない、誰も賛同してくれないアイデアを実現しようとした場合、それが自己資本だけで創業した小さなスタートアップならまったく問題ない。ところが、もしも他人様から資金調達をしようと考えている場合、あるいは大企業の中で実践しようとしていた場合、どこかのタイミングで必ず、他人を説得しなければならない局面が訪れる。そんな時「個人的に叶えたいぶっ飛んだ未来があるんです!」では当然1円も集めることはできない。そこで、既に成功しているビジネスの虎の威を借るのだ。

　第4章で紹介した物理的因数分解と時間的因数分解に慣れてくると、サービスやビジネスモデルについても応用できるようになってくる。よくバリューチェーンの遷移図や、ピクトグラムを用いたビジネスモデルの図解等を見たことがあるかと思うが、まさしくあれである。

まず自分が考えたビジネスアイデアを、自分で因数分解してみる。次に、その構造にいちばん近い既存のビジネスモデルを探してくる（できれば成功しているビジネスが望ましい）。そのふたつのモデルを見比べて、互いにひとつの要素をズラしただけの関係性に見えるように調整する。そして投資家や上司やクライアントには、はじめに成功している既存のビジネスからプレゼンをはじめるのだ。相手が安心して十分に納得したところで、その既存ビジネスの因数のうち、たったひとつだけを変えるだけで生まれた（ように見える）あなたのアイデアを見せる。すると、事前に見せられた既存ビジネスの成功が頭に残っているため、不思議と新しく見た一見突飛なアイデアも真っ当なものに見えてくるのだ。

CHAPTER 5 : SOCIAL DEPLOYMENT

スモールスタート

　先ほどのベン図をイメージしながら最初のアイデア出しをする際、「革新したいこと」の円に重ねる他のふたつの円は、チームメンバーのバックグラウンドによって無数の可能性がある。場合によってはチームで何個もアイデアが出てしまうこともあるだろう。

　それでは、その中でどのアイデアに絞って走ればいいのだろうか。まず発案者個人がパッションを持てるトピックであることが大前提。自己中心的でいいのだ。問題意識を他人に求めた場合、事業立ち上げの本当に辛い時期をとてもじゃないが乗り越えることはできない。

　次に大切なことは、安く、簡単にプロトタイピングできること。一刻も早く自分の個人的な妄想と、社会との結節点を見出す必要があるのだ。安く、早く、試すことができ、仲間内でもいいのですぐにフィードバックをもらいやすいアイデアからはじめるべきである。

　いくら安くはじめられるアイデアを選んだからと言って、コストは少なからず発生してしまう。これが大企業の場合、どれだけ小さな額でも、その

申請から承認まで途方もないプロセスを噛ませることになり、そのアイデアが通った頃には社会の潮流が既に変わってしまっていることなんてざらにあり得るだろう。

　そこで、社内に特区をつくるのだ。承認プロセスを極端に省略し、現場の判断で予算配分の意思決定ができる事業創造部門をつくってしまうこと。例えばメルカリは、スピーディーな研究開発と社会実装を目的としたmercari R4Dという研究開発組織を立ち上げ、社外からアーティストや専門家を招きながら、未来的なプロジェクトに取り組んでいる。例えば電通では、電通Bチームという組織を数年前から起ち上げている。これは表面的（A面）には電通社員であるが、実は個人的に裏（B面）で一流の特技や個人活動（小説家、世界的DJ、建築家、社会科学者等）をしている人たちを集めたサロンのような組織である。現代版Oulipoとも言えるかもしれない。彼らは互いのスペシャリティをシェアしながら雑談（ディスカッション）を重ね、潜在的なイノベーションを模索している。

**Backcasting /
Speculative Design**

**Design Thinking /
PDCA**

0　　**1**　　　　　　　　　　　　　　**10**

仮説創造　　　　　　　　　仮説検証

発想法のマッピング

「デザイン思考の先を行くもの」と仰々しいタイトルをつけているが、本書はデザイン思考を否定することはまったく本意ではない。むしろ今回ご紹介した他の発想法と組み合わせることで強力な武器になることを、日々、デザイン思考を実践する筆者が一番よくわかっているつもりである。

そこで最後に改めて発想法の整理を行いたい。まず、デザイン思考というのは、プロトタイピングを軸とした改善のツールであった。それは1を10に磨き上げるための「仮説検証」の道具である。それでは0から1の「仮説創造」をするには何をすべきか。そこで紹介したのは、ハーバードの「個人の見立てによる未来からのバックキャスティング」、あるいはRCAやMIT MediaLabのスペキュラティブ・デザイン。これらは使うフェーズさえ間違わなければ爆発的な効果を生むことができる。個人の主観によって課題を見立て、客観的な視点で改善をしていく。このマッピングが頭にあるかどうかで、イノベーションの確度は各段に高まると筆者は信じている。

CHAPTER 5 : SOCIAL DEPLOYMENT

あとがき

1917年、マルセル・デュシャンが既製品の安価な小便器に『泉』とタイトルを付けただけで価値を高騰させて以来、アートの世界はそれまでの「技巧」による価値づけから「個人の見立て」による価値づけへと変化していった。それから約1世紀を経て、ビジネスの世界でも「個人の見立て」から生まれたヴィジョン先行型の企業が、世界に大きな変革を与えている。

　私自身は現在、外国人向けのカプセルホテル事業で会社を設立したのだが、そのキッカケを振り返ると、学部生時代にふと目にしたニュース番組の特集に大きな影響を受けている。そこでは、会社をリストラされ、家を追い出され、スーツを2着だけ手にした中年男性が、マンガ喫茶で日々暮らしながら就職活動する様子に密着していた。その番組では明らかにこれを悲劇として扱っていたが、当時の私にはどうしてもそれが「未来の暮らし」に見えて仕方なかったのだ。だって考えてみてほしい。マンガ喫茶のナイトパックは2千円弱（当時）。ひと月6万円弱で、六本木のど真ん中で暮らすことが

できる。もちろん日々きれいに掃除がなされ、インターネット完備、シャワー完備、ソフトドリンク飲み放題、ふかふかのリクライニングシートまである。当時の私には、それがどう考えても天国のように思えた。それから10年あまりの時を経て都市の研究をしていると、ニューヨーク、サンフランシスコ、香港、東京など、世界の経済都市における地価・家賃価格の上昇、それに伴う交通渋滞や長時間通勤は、都市問題のメイントピックになっていた。もし、マンガ喫茶並みの極小空間でありながら、豊かで、文化的な暮らしができるとすれば、それは都市のライフスタイルを一変するポテンシャルを持っている。みんなが良いと思わなくてもいい。私個人が行きたい未来への近道として、会社を始める決意をした。

　日本は幼少の頃から、自らの意志を表明することをあまりよしとしない哲学を植え付けられる。ところが歴史は、意思を表明した人によってつくられてきた。もっと、自分がやりたいこと、自分が楽しいと思えること、自分の個人的な見立てを、周囲の目を気にせず信じられるような土壌をつくっていくことが、何よりも大切なことなのではないかと信じている。

【著者略歴】

各務太郎（かがみ・たろう）

株式会社 SEN 代表／建築家／コピーライター

早稲田大学理工学部建築学科卒業後、電通入社。コピーライター／CM プランナーとして数々の CM 企画を担当。2014 年電通を退職後、2017 年ハーバード大学デザイン大学院にて都市デザイン学修士課程修了。2018 年インバウンド向け旅館事業にて起業。第30 回読売広告大賞最優秀賞。第 4 回大東建託主催賃貸住宅コンペ受賞。他多数。

早稲田大学の社会人教育事業 WASEDA NEO では、ハーバード・デザインスクールが教えるビジネスデザイン手法を用いた事業創造実践プログラムの講師も務める。

デザイン思考の先を行くもの

2018 年 11 月 11 日　初版発行
2018 年 12 月 13 日　第 2 刷発行

発 行　**株式会社クロスメディア・パブリッシング**

発 行 者　小早川 幸一郎

〒151-0051　東京都渋谷区千駄ヶ谷 4-20-3 東栄神宮外苑ビル

http://www.cm-publishing.co.jp

■ 本の内容に関するお問い合わせ先 ･･･････････････････ TEL (03)5413-3140／FAX (03)5413-3141

発 売　**株式会社インプレス**

〒101-0051　東京都千代田区神田神保町一丁目 105 番地

■ 乱丁本・落丁本などのお問い合わせ先 ･･･････････････ TEL (03)6837-5016／FAX (03)6837-5023

service@impress.co.jp

（受付時間　10:00 〜 12:00、13:00 〜 17:00　土日・祝日を除く）

※ 古書店で購入されたものについてはお取り替えできません

■ 書店／販売店のご注文窓口
　株式会社インプレス　受注センター ･･･････････････････ TEL (048)449-8040／FAX (048)449-8041
　株式会社インプレス　出版営業部 ･･ TEL (03)6837-4635

カバー・本文デザイン　金澤浩二（cmD）
DTP　荒好見（cmD）
©Taro Kagami 2018 Printed in Japan

印刷　株式会社文昇堂／中央精版印刷株式会社
製本　誠製本株式会社
ISBN 978-4-295-40247-3　C2034